Weihnachtsduft in jedem Haus

Geschichten & Anekdoten vom Christstollen

Weihnachtsduft in jedem Haus

GESCHICHTEN & ANEKDOTEN VOM CHRISTSTOLLEN

benno

Bibliografische Information der Deutschen Nationalbibliothek
Die Deutsche Nationalbibliothek verzeichnet diese Publikation in der Deutschen Nationalbibliografie; detaillierte bibliografische Daten sind im Internet über http://dnb.d-nb.de abrufbar.

Besuchen Sie uns im Internet:
www.st-benno.de

Gern informieren wir Sie unverbindlich und aktuell auch in unserem Newsletter zum Verlagsprogramm, zu Neuerscheinungen und Aktionen. Einfach anmelden unter www.vivat.de.

ISBN 978-3-7462-6201-7

Zusammenstellung: Volker Bauch, Gößnitz
Umschlagabbildung: © stock.adobe.com/Yulia Furman
Umschlaggestaltung: Rungwerth Design, Düsseldorf
Gestaltung & Gesamtherstellung: Kontext, Dresden (A)

Inhalt

Eine gebrauchte Kindheit

Dieter Zimmer

Von Stollen, Klavieren, Thomanern und Geschenken

Pünktlich zum Heiligen Abend versank Leipzig im Schnee. Unaufhörlich rieselten leise die Flocken vom verhangenen Himmel. Stündlich wuchs die weiße Decke um Knöchelhöhe und verbarg gnädig die Schlaglöcher. Die Menschen tapsten vorsichtig von der Straßenbahn nach Hause, Alte hielten sich bisweilen, um nicht auszugleiten, an Vorgartenzäunen fest. Ab und zu schlich ein Auto durch unsere stille Straße und zerfurchte hässlich den unberührten Teppich. Auf den Gaslaternen häuften sich weiße Mützen.

Es schneite und schneite und schneite in einem fort.
So war es jedes Jahr am Heiligen Abend. Oder fast jedes Jahr. Vielleicht auch nur ein einziges Mal. Es kann sogar sein, dass es am Heiligen Abend nie so war, sondern an einem völlig anderen Tag. Ich weiß es nicht mehr. Aber das macht nichts. Es ist dennoch die Wahrheit, denn Erinnerung trügt nicht.
Die Weihnachtszeit begann sehr früh. Nicht so früh wie heute, da man das Gefühl hat, der Konsumterror beginne Jahr für Jahr eine Woche eher. Im Gegenteil. Die Ursache war der Mangel.
Es war guter sächsischer Brauch, und meine Oma hielt auch im Sozialismus eisern daran fest, beizeiten vor Weihnachten seine Stollen zu backen. Dazu brauchte man Zutaten, vor allem weißes Mehl und gute Butter, sodann Rosinen, Orangeat und Zitronat, vielleicht Mandeln, Puderzucker auf jeden Fall. Wo gab es alle diese Wertsachen? Nun, wo? Jawohl: im Westen! Also richtete sich das adventliche Sinnen und Trachten im Wesentlichen auf die Frage, ob das Paket von Tante Elfriede aus Essen oder von Tante Hedwig aus Hannover beizeiten eintraf. Die Tanten konnten eine ganze Familie auflaufen lassen! Nicht mal aus bösartiger Berechnung, sondern einfach aus Ge-

dankenlosigkeit. Weil sie vergaßen, dass es in Deutschland – in einem Teil jedenfalls – auch fünf Jahre nach Ende des Kriegs noch keine Rosinen zu kaufen gab.

Wenn für die Stolle alle Zutaten glücklich beisammen waren, wurden sie zum Bäckermeister Nerlich gebracht, gleich um die Ecke in der Stallbaumstraße. Der knetete damals den Teig, man stelle sich das vor, noch mit Muskelkraft. Die Oma, misstrauisch wie fast alle alten Leute, hatte immer den Verdacht, Nerlich zweige etwas ab von den teuren Zutaten, aber es war nie nachzuweisen. Der ehrliche Bäckermeister walkte und walkte also und formte schließlich die Laibe und schlug sie einmal ein, damit sie die typische Form annahmen. Drei bis vier Stollen pro Familie waren das übliche Maß. Man hatte damals keine Angst, zu dick zu werden.

Dann der große Augenblick: Nerlich ließ durch seinen Lehrling ausrichten, die Stolle sei bereit. Die Oma griff nach ihren allerwichtigsten Utensilien, dem Topf mit der geschmolzenen Butter und dem Sieb mit dem Puderzucker, und machte sich auf den Weg in die Backstube, die das Jahr über den Kunden verschlossen war. Ich lief mit, aus Neugierde. Herrlich, dieser Duft! Eine winzige Backstube nur, aber der Meister hantierte virtuos, als beherrsche er eine ganze Fabrik.

Die Oma nahm ihre Stolle in Augenschein, fand sie meistens, weil sie ja etwas sagen musste, im Großen und Ganzen gelungen, nur ein bisschen zu blass oder ein bisschen zu braun. Dann machte sie sich, ehe die Butter im Topf wieder steif wurde, mit dem Pinsel über die Stollen her, um schließlich das Sieb mit dem Puderzucker darüber kreisen zu lassen. Dann war die Köstlichkeit, ohne die einem Sachsen das Weihnachtsfest keines war, endlich fertig.
Für den Bäckerlehrling stand die Probe noch bevor: Er musste das Brett mit den vier ausgewachsenen Stollen auf den Kopf hieven und zu uns nach Hause tragen. Ich lief hinterher und war unschlüssig: Sollte ich mir wünschen, dass er samt unseren vier Stollen auf die Schnauze fiel, was bestimmt komisch ausgesehen hätte, oder sollte ich an mein leibliches Wohl denken und den Stollen eine glückliche Heimkunft wünschen? Nach meiner Erinnerung schaffte er es jedes Mal ohne Unfall.
Nicht nur wegen der Zutaten für die Stolle wurden die Westpakete sofort gierig aufgerissen. Man wollte wissen, ob sie wieder so bescheiden ausgefallen waren wie letztes Jahr. Eine Tafel Schokolade, wieder keine „Sprengel“, die war offenbar zu teuer für uns Ostler. Ein Tütchen Walnüsse, auch keine erste Wahl, viele taub, manche etwas ranzig. Ein halbes Dut-

zend Apfelsinen, zwei davon mit Druckstellen. Nun ja. Dabei hatten sie doch alles!
Ich musste für die Bescherung basteln. Ich hätte auch kein Geld gehabt, um der Familie einigermaßen repräsentative Geschenke zu kaufen. Also sägte ich Laub. Das betrieb ich mit einigem Geschick und immer nach eigenen Ideen und Entwürfen. Alles schwarz gebeizt. Ein Kästchen für die Zigarren des Großvaters. Ein Kästchen für die Knopfsammlung der Großmutter. Sogar einen Nähkasten mit Einsatz und Nadelkissen für die Mutter. Schattenrissige Figuren für die Fenster. Einen erzgebirgisch angehauchten Schwibbogen.
Zum Glück gehörten weder Sperrholz noch Laubsägeblätter zu den zahlreichen Mangelwaren. Ich konnte meiner künstlerischen Fantasie freien Lauf lassen und wurde am Heiligen Abend reihum gelobt. Heute vermute ich, dass sie, innerlich die Hände ringend, vor meinen Werken standen und dachten: Das wäre aber wirklich nicht nötig gewesen.
Adventszeit, das hieß auch: Klaviervorspiel. Mein Schicksal hatte es gewollt, dass unser Blüthner-Klavier den Bombenkrieg mit ein paar winzigen Schrammen überlebte. Voll bespielbar. In einer bürgerlichen Leipziger Familie, die sich Bach und Mendelssohn, Thomanerchor und Gewandhaus verpflichtet fühlte,

musste der Junge helfen, die Tradition zu bewahren. Einmal die Woche eine Stunde bei Fräulein Winter in der Gustav-Adolf-Straße. Ein älteres Fräulein von damals mindestens fünfundvierzig Jahren, in einer großen Wohnung voller Plüsch, einer Art Traditionshöhle mit Gipsbüsten der bedeutendsten deutschen Tonsetzer. Dass sie auch den Juden Mendelssohn-Bartholdy mutig über das Dritte Reich bewahrt hatte, verstand ich damals in seiner Bedeutung noch nicht, rechne ich ihr aber heute hoch an.

Am zweiten Adventssonntagvormittag versammelte Fräulein Winter, wie es Musiklehrer allenthalben tun, ihre Schüler samt Familien zu besagtem feierlichen Vorspiel. Mein Großvater als eine Art Doyen der Eltern- und Großelternschaft hielt eingangs eine Ansprache, worauf ich stolz war. Er sprach darüber, dass man gerade in dieser neuen Zeit auch einige der alten Werte hochhalten müsse, und jeder, sogar ich, verstand den umstürzlerischen Geist dieser Worte.

Dann schlug meine Stunde und mir das Herz bis zum Hals. Ich spielte die Fantasie von Händel eingangs viel zu hastig, im Bestreben, sie schnell hinter mich zu bringen. Aber dann beruhigte sich der Puls und beruhigte sich der Takt, und am Ende erntete ich nicht gerade

frenetischen Jubel, doch freundlichen Beifall. Nach dieser Prüfung begann der unbeschwerte Teil der Weihnachtszeit.
Einen Weihnachtsbaum zu ergattern, gehörte zu den ganz und gar unromantischen Aufgaben meiner Kindheit. Es war nun mal so, dass außer mir niemand Zeit hatte, als Jäger und Sammler durch den Vorort zu streifen. Wenn sich an einer Straßenecke eine scheinbar unmotivierte Menschenschlange gebildet hatte, ahnte man: Hier wurde eine Ladung aus dem dunklen Tann erwartet. Es konnte eine Stunde und länger dauern, bis ein Lastwagen vorfuhr und die Balgerei der Ungeduldigen begann.
Wenn man so einen Strunk zu packen bekommen hatte, durfte man ihn um Gottes Willen nicht loslassen. Die Vorstellung, mit leeren Händen zu Hause anzukommen, verlieh ungeahnte Kräfte. Wie ein Terrier verbiss man sich in seine Beute, die natürlich bei diesem Kampf den einen oder anderen Zweig einbüßte. Ich erinnere mich daran, wie ich stolz zu Hause ankam und meine Oma nur den Kopf schüttelte: „Das soll ein Weihnachtsbaum sein? Da denkt doch der liebe Heiland, wir wollen ihn veralbern."
Der Höhepunkt des Heiligen Abends, nächst der Bescherung natürlich, war die Christmette in der Thomaskirche. Für bürgerliche

Leipziger oder Leipziger Bürgerliche, sagten meine Großeltern, gab es an diesem Tag keinen anderen Platz in der Stadt. Dieser Ansicht schienen viele zu sein, denn man musste sich Stunden zuvor auf den Weg machen, um auch nur einen Sitzplatz auf einer Treppenstufe zu ergattern.
Die anfangs ungemütlich kalte Kirche wurde durch die Ausdünstungen der vielen Leiber anheimelnd warm. Gedämpftes Gemurmel von Hunderten, eher wohl Tausenden. Die große Krippe unter der Kanzel. Der Weihnachtsbaum. Das Grab des großen Johann Sebastian. Als feiere er in seiner Kirche mit. Die Thomaner auf der Empore. Engelsgleiche Stimmen. Die Liedzeile musste einem in den Sinn kommen: „Hoch oben singt jubelnd der Engelein Chor."
Ich hatte nicht Thomaner werden wollen, weil dies mit Anstrengung verbunden gewesen wäre, hätte wahrscheinlich auch kein Sangestalent beweisen können; aber jetzt hätte ich gern mit dort oben gestanden bei Günther Ramin, dem Kantor, bewundert von der Gemeinde.
Thomaskirche. Ich bin später oft und oft dort gewesen, habe die Thomaner gehört, habe in die Gesichter der Menschen geschaut. Besonders viele junge darunter, ganz anders als anderswo. Und immer dachte ich: Hier bist du in

der DDR, aber unter den richtigen Menschen. Nach der Christmette ging es mit der Straßenbahn nach Hause, durch anheimelndes Schneegestöber, wie gesagt, zur Bescherung. Wieder keine elektrische Eisenbahn. Meine Kindheit lang hatte ich diesen Wunsch, diesen bestimmt nicht originellen: eine elektrische Eisenbahn! Aber die war zu teuer. Stattdessen der lange erwartete Kaufladen. Der hatte früher meinem Onkel gehört. Oder endlich der Stabilbaukasten. Der hatte auch meinem Onkel gehört. Oder zwei Bände Karl May. Da stand vorn der Name meines Onkels drin. Nichts Neues. Eine gebrauchte Kindheit. Aber es hat mich selten gestört.

Schimmer aus dem Paradies

Kurt Arnold Findeisen

Wie mich das als Kind beglückte,
wenn, die still den Christbaum schmückte,
Mutter mich mit helfen ließ!
Dürft ich, dass sie glänzen sollten,
Nüsse um und um vergolden,
Nüsse, die ihr Blick mir wies.

O wie sich das Kind bemühte!
Stirne ihm und Wange glühte,
Zünglein auf die Zähne stieß,
und an allen Fingerspitzen
blieb ein goldner Schimmer sitzen,
Schimmer aus dem Paradies.

Zeit ist übers Land gezogen,
Männerzeit in hartem Bogen,
die den Kindertraum zerstieß.
Ist im Zug des Wandelbaren
manches Herz davongefahren,
dran so gut sich rasten ließ.

Was blieb uns? Ein Kinderlächeln,
drin das Auf- und Niederfächeln
frommer Engel sich verhieß,
und ein Schimmer, fast verblichen,
dennoch nie ganz ausgestrichen,
Schimmer aus dem Paradies.

Dresdner Stollen bis Ende Januar

Wolfgang Mischnick

Weihnachten im „Elbflorenz" der Vorkriegszeit

Auf Weihnachts- und Neujahrsfeiern habe ich mich immer besonders gefreut. Am Abend vor Weihnachten wurde der Christbaum geschmückt, die Bescherung am Heiligabend um 18 Uhr pünktlich eingehalten. Mein Vater spielte immer noch hervorragend Klavier. Bei „Stille Nacht, heilige Nacht" brummte Großvater mit, Großmutter und Mutter sangen kräftig, und ich flötete ein bisschen dazu.
Dann kam die „Entdeckung" der Geschenke, für jeden der Familie gesondert aufgebaut: auf dem Klavier, auf dem Vertiko und auf dem Schreibtisch. Danach gab es üblicherweise

Kartoffelsalat und Würstchen, kein größeres Essen. Ein oder zwei Stunden danach, wenn die Geschenke ausgepackt und die Lichter am Christbaum zur Hälfte abgebrannt waren – mein Vater bewachte mit einem Stock, der ein Hütchen an der Spitze hatte, sorgfältig die Kerzen, um sie notfalls schnell zu löschen –, gab es nämlich Stollen, der immer erst Heiligabend angeschnitten wurde, und Kuchen dazu, der extra für die Feiertage gebacken worden war.

Das Backen war in Sachsen und vor allem in Dresden eine besondere Zeremonie. Jedes Jahr in der Vorweihnachtszeit, meist eine Woche vor dem Fest, fuhr meine Mutter mit dem Handwagen, in dem große Schüsseln standen, zum Bäcker Däbritz. Seine Backstube war um die Ecke in der Kamenzer Straße. Jede Frau, die Stollen und Kuchen backen ließ, brachte ihre Zutaten selbst mit und bekam auf den langen Tischen, wo sonst Brot und Semmeln geknetet wurden, einen Platz zugeteilt. Dort breitete sie ihre Zutaten aus, denn jede hatte ein eigenes Rezept. Es gab Rosinenstollen und Mandelstollen. Mehl, Zucker, Butter, Zimt, Rosinen, Mandeln und eventuell Zitronat wurden zurechtgestellt.

Meine Mutter legte größten Wert auf Butterstollen: lieber weniger, aber gut! Aus Ersparnisgründen wurde nämlich von manchen Frauen

auch Butterschmalz verwendet. Dann walkten Meister, Gesellen und Lehrlinge der Bäckerei die Zutaten gründlich zu einem Teig durch – eine wirkliche Schwerarbeit. Schließlich wurden die Stollen in ihre Form gebracht und in den Ofen geschoben. Gleichzeitig wurden Quarkkuchen, Streuselkuchen und Zimtkuchen gebacken.
Wenn alles fertig war, kamen die frischen Stollen und Kuchen auf große Bleche. Gesellen und Lehrlinge, manchmal auch der Bäckermeister selbst, trugen diese Bleche in die Wohnung der Kunden. Nur das, was von den Kuchen über den Blechrand hinausragte, die Kuchenränder, durfte ich schon mal kosten. Sonst blieb alles schön verpackt bis Heiligabend.
Nach dem Tod meiner Großmutter zogen wir in die Schimpffstraße 1 um, aber die Weihnachtsbäckerei ging in dieser Form bis in die ersten Kriegsjahre hinein so weiter. Wir hatten dann bis zu dem Bäcker fast einen Kilometer weit alles zu tragen oder mit dem Handwagen zu fahren. Das erledigte ich meist gemeinsam mit meiner Mutter, sofern ich zu Hause war.
Am ersten Weihnachtstag gab es Gans. Da ich keine Gans mochte, bekam ich extra Schweinebraten. Die Klöße dazu waren mir schon damals – wie heute – wichtiger als das Fleisch. Stollen kam bis weit nach Neujahr auf den

Kaffeetisch. Am Dreikönigstag, dem 6. Januar, wurde der Weihnachtsbaum abgeschmückt, das Lametta fein säuberlich für das nächste Jahr verpackt, die Lichthalter und der sonstige Schmuck beiseite geräumt. Meistens war so viel Stollen gebacken worden, dass er noch bis zum Geburtstag meiner Mutter am 29. Januar reichte. Gut eingepackt und nicht trocken gelagert, schmeckt Stollen noch nach Wochen vorzüglich.

Original Dresdner Christstolle

Klaus Weyers

Wie der Name der sächsischen Backware besagt, sollte diese rosinendurchsetzte, duftende Köstlichkeit zum Christfest unter dem Weihnachtsbaum liegen und dann in weihnachtlicher Fest- und Feierstimmung gegessen werden. Unsere heutigen Gebräuche sind da anders. Schon im Oktober stapelt sich die Christstolle in den Lebensmittelabteilungen der Warenhäuser zu fast schon bedrohlichen Türmen. Wir haben kein Gespür mehr für Jahreszeiten und Feierkreise im Laufe der Monate. Da kann man auch gleich Ostereier am Fest der Heiligen Drei Könige verkaufen und die Martinsgans zu Fasching in den Ofen schieben sowie den Weihnachtsmann am Ersten Mai,

dem internationalen Tag der Arbeit, auftreten lassen. Lassen wir dieses merkwürdige Kapitel unserer etwas durcheinandergeratenen Kulturgeschichte.
Wenden wir uns genau zum richtigen Termin, nämlich Weihnachten, dem Dresdner Edelgebäck zu, aber nicht ohne dabei ein wenig über dieses aufregende Fest der Geburt Christi nachzudenken. Mir fiel beim Nachdenken etwas auf: Wenn wir von Gottvater den Auftrag erhalten hätten, die Welt wieder in Ordnung zu bringen, hätten wir es ganz anders angefangen. Bei einem solchen gewaltigen Unternehmen wie der Erlösung des kompletten Kosmos hätte sich unser Herr von einer Public-Relations-Agentur beraten lassen sollen. Es ahnt doch kein Mensch, dass in einem schiefen Bretterschuppen bei Betlehem irgendetwas Aufregendes passiert. Unser tapferer Kirchenchor singt in der Heiligen Nacht das Transeamus. Da hört die in Andacht lauschende Gemeinde, dass Jesus „in praesepio" gelegen habe, als die Hirten kamen: „positum in Praesepio". So steht es beim Evangelisten Lukas. Das klingt friedlich, sehr lieblich und gut. Aber es ist keineswegs lieblich. Denn das lateinische Wort praesepe heißt auf Deutsch Bretterverschlag und hat dazu noch in seiner Originalsprache einen verächtlichen Beiklang. Es kann

nämlich auch heißen: liederliches Haus. Das hört sich überhaupt nicht gut an. Jesus ist nicht in einem gepflegten Rinderaufzuchtstall oder in einer hübschen Datsche geboren, sondern in einer zusammengeschusterten Bretterbude. Der griechische Originaltext des Neuen Testaments berichtet, Jesus habe in einer „Fatne" gelegen. Das ist laut griechischem Wörterbuch ein „ausgehöhlter, hölzerner Trog mit Fächern, worin den Pferden und dem Rindvieh das Futter vorgesetzt wird".

Alles in allem war das Ganze eine Krisensituation härtesten Ausmaßes. Was der Heiligen Familie dort als Verpflegung zur Verfügung stand, wird nicht viel gewesen sein. Sicher ist eins: Dresdner Christstolle gab es nicht. Niemand kann vermuten, in einem solchen armseligen Bretterverschlag und in einer solchen notvollen Situation werde zwischen einem Ochsen und einem Esel Heilsgeschichte gemacht, Weltgeschichte vom Kopf auf die Füße gestellt und Friede in das Chaos unserer verdrehten Welt gebracht. Wer soll schon wissen können, dass Jesus Christus hinter den schiefen, ungestrichenen und in ungeölten Angeln schrecklich quietschenden Stalltüren seinen Weg zu uns, für uns und mit uns beginnt. Mit ein paar ganzseitigen Anzeigen in den großen Zeitungen der Welt wäre das ganz anders gelaufen. Ein paar dicke Sponsoren hätten sich engagiert und die Spende von der Steuer abgesetzt. Eine gezielte, gut vorbereitete Talkshow, eine Webadresse: „www.kippe.holynight.de“ und sofort hätte der Informationsprozess in Sachen Welterlösung die wesentlichsten Kreise von Politik und Wirtschaft, die Chefetagen der Konzerne, die Parteibüros der Roten und Grünen und Andersfarbenen, die Tourismusindustrie und die Bischöflichen Ordinariate erreicht samt den Fachgeschäften für liturgische Gewandungen und Weihrauch. Doch das Fest der Geburt Christi findet nicht im virtuellen Raum des Internet statt. Die Geburt des Herrn geschieht nicht in den mehr oder weniger geschmackvollen Schaufenstern der großen Einkaufszentren. Gott kommt immer von einer Seite, von der her wir es nicht vermuten oder erwarten. Glaube ist kein Artikel der Versandwarenhäuser. Hirten und Schafe, Könige und Kamele mussten sich erst einmal auf die Suche machen ohne die Hilfe von dicken Warenhauskatalogen. Ich denke mir, dass ich gerade zu Weihnachten meine Suchorgane besonders sensibel einzusetzen habe, um mich nach dem Kind umzusehen. Ich muss nach ihm schnuppern, nach ihm tasten. Ich muss die Feinfühligkeit des Augenblicks erlernen. Dann wird Gott es mir schenken, seinen Sohn in den

unmöglichsten Situationen zwischen Bergen von Dresdner Christstolle oder im Lärm des Bahnhofs Zoo oder in den Dunstwolken von Bratwurst und diversen Sorten Glühwein mit Schmalzstulle auf dem Weihnachtsmarkt am Alex zu erspüren. Vielleicht wird Jesus mir fröhlich zulächeln, wenn ich in dieses Dresdner Weihnachtsspezialgebäck beiße.

Wenn unsere Eltern uns in den längst vergangenen Kriegs- und Hungerjahren gefragt hätten, was wir uns zu Weihnachten wünschten, hätten wir liebend gerne sehr laut gesagt: Dresdner Stolle. Unsere Eltern würden uns ebenso gerne damit bis zum Gehtnichtmehr gefüttert haben. Die Schwierigkeit lag nur darin, dass ein gewisser Hitler, Adolf gerade eben seinen Endsieg um einige Haaresbreiten verpasst hatte. So lag die Ursprungsstadt der Christstolle total in Trümmern.

Heute brauche ich mir diese Backware nicht mehr zu wünschen, es gibt sie tonnenweise. Die Dresdner Stolle hat Krieg und Sozialismus überstanden. Da sind wir bei dem Problem, was ich mir heutzutage zum Fest wünschen soll. Es gibt ja alles, sofern die Euros reichen, jedenfalls wenn es um das Materielle geht. Vielleicht wäre einer meiner nicht materiellen Weihnachtswünsche, dass es in diesen Tagen ein wenig Stille gibt, um auf die Krippe zu

schauen. Ein Weihnachtsfest mit dem weihnachtsliedersangeskräftigen Familienvorsteher Peter und seiner klavierspielenden Gattin Tony kann ich mir nicht mehr wünschen. Die beiden feiern schon am himmlischen Originalort das Originalweihnachtsfest mit den Originalpersonen. Ob es da auch himmlische Dresdner Stolle gibt, konnte mir der Vatikan noch nicht mitteilen. Da müssen wir weitere Forschungsergebnisse kluger Theologieprofessoren abwarten. Im Himmel werden wir es mit Sicherheit erfahren, wenn es uns dann noch interessiert.
Bei uns am Niederrhein gab es keine Dresdner Christstolle. Das lag an den Weihnachtsgebräuchen, die im evangelischen Sachsen sehr viel anders sein können als am katholischen Niederrhein. Und es lag am schlimmen Krieg mit seinem Ersatzkaffee, Kunsthonig und Wurstersatzbrotaufstrich. Also ist meine Erinnerung an die heimatliche Weihnacht geprägt von den spezialedelstahlgehärteten Plätzchen, mit denen Mama und Papa den Baum behangen hatten. Papa brauchte viel Leiter zu halsbrecherischen Aktionen, weil er nach oben hin sehr klein war. Aber er liebte große Christbäume. Wenn die Spitze erst einmal ganz oben auf dem Baum war, konnte Mama den ärztlichen Unfallbereitschaftsdienst wieder abbestellen.

Am zweiten Februar durften diese kiegsharten, zementähnlichen Backwaren abgegessen werden, nachdem wir sie mit Hammer, Axt und Säge zu zerkleinern versucht hatten. Denn ein Zahnarzt für die ganze weihnachtsbetonplätzchengeschädigte Familie war von den paar Groschen des väterlichen Verdienstes nicht zu bezahlen.
Unsere Oma, in deren Haus wir als Untermieter meist friedvoll wohnten, hatte damals schon Brillengläser von der Dicke eines Einweckglasdeckels. Da sie kaum etwas sehen konnte, trat unsere Ahne aus Versehen auf die neuen Weihnachtsgeschenke. Das waren Spielzeugsoldaten, schön in Feldgrau mit Stahlhelm, Gewehr und Brotbeutel, liegend, stehend, laufend und schießend sowie fallend. Omas Fehltritte auf diese kriegerische Armee waren wohl ein Zeichen des Himmels. Spielzeugsoldaten und Waffen sind das perverseste Geschenk, das zum Fest der Geburt des Friedensfürsten unter dem Weihnachtsbaum liegen kann.
Das schrecklichste und verdrehteste Weihnachtslied ist jenes mit dem Text vom Weihnachtsmann, der morgen kommt. Sein Auftrag ist laut den Worten des angeblichen Weihnachtsliedes, Trommel, Pfeifen und Gewehr, Fahn' und Säbel und noch mehr, ja ein ganzes Kriegesheer zu bringen. Wie kann man auf die

verrückte Idee kommen, Friede sei mit Gewehr und Kriegsheer zu bringen? Offensichtlich ist das auch heute noch, in unserem angeblich so aufgeklärten und fortschrittlichen einundzwanzigsten Jahrhundert möglich. Der Unterschied besteht nur darin, dass es diesmal nicht mit Gewehr, sondern mit Raketen und B-52 probiert wird. Es ist mir unerklärlich, wie man mit höchstperfektionierter Elektronik der Waffensysteme Länder und Völker befrieden will. Vielleicht wird es dann so etwas wie Frieden in einer Friedhofslandschaft. Wer sich zum Friedensbringer hochstilisiert, muss wissen, was er da tut. Wer von sich aus entscheidet, dass alle friedlichen Mittel, die das Völkerrecht zur Verfügung hat, ausgeschöpft seien, nimmt eine große Verantwortung vor Gott, seinem Gewissen und der Geschichte auf sich. Man kann nicht einen Brand löschen, indem man Feuer anmacht. Ich weiß nicht, was sich der Dichter und Erfinder des Deutschlandliedes, Hoffmann von Fallersleben, im Jahre 1839 dabei gedacht hat, als er Weihnachten als Fest des göttlichen Friedens mit Trommeln, Pfeifen und Gewehr, Fahn' und Säbel und noch mehr aufrüstete. Schließlich war auch um 1848 ein General kein Friedensengel, ein Schießgewehr keine Hirtenflöte oder Friedensschalmei, eine Kanonenkugel kein Weihnachtsgebäck, ein Stahlhelm kein Brautkranz und ein Sarg keine Krippe. Niemand wird in weihnachtlicher Feststimmung behaupten können, eine brennende Ölquelle sei dasselbe wie ein friedliches Hirtenfeuer in Betlehem. Keiner soll sich wahnsinniger Weise einbilden wollen, man müsse alle Häuser zusammenschlagen, damit sie dem Stall von Betlehem ähnlich würden. Es ist wohl auch ein grandioses Missverständnis zu glauben, irgendein Volk könne einen göttlichen Hinweis erhalten haben, es solle ein anderes Volk mit Waffengewalt befreien. Wir haben die geist-seelenlose Infamie dieses Liedes erst richtig begriffen, als es in unserem Haus keine Weihnachtsstolle mehr geben konnte. Nachdem sich der Qualm der Luftminen verzogen hatte, war nämlich kein Elternhaus mehr da, das um einen Familienweihnachtsbaum hätte herumstehen können. Es war auch keine Kirche mehr da, in der die Weihnachtsmesse hätte gefeiert werden können, und kein Bäckerladen, der Dresdner Weihnachtsstolle auf Lebensmittelkarte anbieten konnte. Den Ständer für den Weihnachtsbaum hatten wir aber damals merkwürdigerweise aus der Katastrophe gerettet. Er hat noch vielen Weihnachtsbäumen Standhaftigkeit verliehen, bis wir zum Einzug unserer Mutter in das Seniorenheim den Haushalt in alle Winde und Entsorgungsformen zerstreuen mussten.

Ich habe im Leben dann lernen müssen, dass vor der Weihnachtsstolle das Abenteuer des Einstielens diverser Weihnachtsbäume zu bewältigen ist. Das geht von den Ministändern für Kleinwohnzimmerecken-Tannenbäumchen bis zu gewaltigen, von Zimmermännern gewerkelten Anlagen für Maximalweihnachtsbäume, die von sechs und mehr kräftigen Männern in der Kirche emporgewuchtet werden müssen. Vor den Erfolg haben die Götter den Schweiß gestellt. Unser sanfter und fröhlicher Vater konnte beim Einstielen der Weihnachtstanne in Zustände geraten, die sehr an den Ausbruch des Vesuvs erinnerten. Beim Aufhängen des Lamettas war aber schon wieder himmelähnlicher Friede. Wenn ich den Baum aufstellte, litt oft nicht nur der Weihnachtsbaum an meiner Ungeschicklichkeit, sondern auch meine höchsteigene Hand. Sie war dann mit Weihnachtsbaumschrammen und Tannenbaumblessuren verziert wie der Baum selbst mit Kugeln und Sternen. Wie die Väter, so die Söhne. Dafür schmeckt das Dresdner Spezialgebäck dann umso besser, aber erst nachher, nicht vorher.

In unseren Tagen gibt es wieder Häuser und Weihnachtsbäume und Pappteller mit Süßigkeiten und Berge von Geschenken, die nach Weihnachten wieder umgetauscht werden können. Bleibt die Frage, ob wir wenigstens auch einen Hauch vom Betlehemsfrieden in unseren Weihnachtsstuben spüren. Mir hilft zu diesem Weihnachtsfrieden die Stunde, in der ich die Krippe aufbaue. Die besitzt inzwischen als Assistenzfiguren einen Fuchs mit einer gestohlenen Gans in der Schnauze, die er zur Krippe schleppt. Dazu kommen eine niedliche Maus, ein Schweinchen und ein wunderbares Kamel mit drei königlichen Weisen aus dem Morgenland. Dann finden sich ein Bündel Heu und vier Elefanten, die eigentlich nicht in den Stil der Altöttinger Krippe passen. Sie sind viel zu klein im Maßstab. Das macht nichts. Im Himmel werden wir feststellen, dass vieles auch in unseren Tagen und in unserem Land an der Krippe war, von dem wir als geübte Berufskatholiken nie gedacht haben, dass es dahinpasst. In der Barockkirche von Neuzelle haben wir einmal aus Spaß an der Freude mit Puppenmöbeln eine ganz kleine Küche in die Krippe eingebaut. Die sah niedlich aus mit Töpfen und Gemüsekörben und Küchenmessern und kleinen Kohlköpfen. Der Küchenherd war aus Mauersteinen. Die Gottesmutter Maria muss doch schließlich irgendwo kochen können. Oder hat Josef gekocht? Wenn ja, hat er gut gekocht, und vor allem: hatte er etwas zu kochen? Als unser menschenfreundlicher, aber etwas penibler zuständiger Ortspfarrer diese Krippeneinbauküche entdeckte, fand er, das sei doch wirklich zu albern und zu viel. Wir konnten diesem Schicksalsschlag nicht ausweichen und mussten zum Schaden von Maria und Josef die Krippenküche wieder demontieren, worauf die Kinder der Gemeinde protestierten, ehe sie wieder zu ihrer Dresdner Weihnachtsstolle zurückkehrten. Aber vorher sangen wir noch mit den Kindern das alte nachdenklich-staunende Weihnachtslied von dem Stall, in dem gar so kalt der Wind weht. Da heißt es dann: „O Kindelein, von Herzen dich will ich lieben sehr, in Freuden und in Schmerzen, je länger mehr und mehr." Das ist nun eine eigene Art von Gewissenserforschung vor der Krippe, die mir Magenschmerzen bereitet. Liebe ich das Christkind je länger mehr und mehr? Oder liebe ich es leider je länger weniger und weniger?

Am Ende dieser Weihnachtsstollenüberlegungen bleibt die Frage, was ich zum nächsten Christfest meinem Nächsten schenke. Ich sollte die Krippe als Maß für meine Weihnachtsaktionen nehmen. Die ersten Geschenke an der Krippe waren unserem Informationsstand nach Schafskäse und Ziegenmilch. Die besseren Sachen wie Gold, Weihrauch und Myrrhe kamen erst später, weil die Kamele Verspätung

hatten. Milch und Käse wurden also zuerst gebracht, und zwar in der wundersamen Verpackung der Liebe. Schafskäse und Ziegenmilch mit Liebe hört sich für einen verwöhnten Mitteleuropäer nach sehr wenig an. Aber es ist unvergleichlich mehr als ein Mercedes für 75.300 Euro ohne Liebe.
Ein Stück Dresdner Christstolle mit Liebe ist viel mehr als ein Wohnzimmerteppich aus Verlegenheit geschenkt. Käse, Milch und Stolle mit Liebe haben dazu noch einen unschätzbaren Vorteil. Man braucht nach Weihnachten mit ihnen keine Umtauschaktion zu starten. Denn Liebe kann man nicht umtauschen. Man muss es auch nicht.

FRID. AVGVSTVS I.
DVX SAXONIAE S.R.I.PRINCEPS
ELECTOR ARCHIMARESCHALCVS
IDEMQVE REX POLONIAE
AVGVSTVS II.

August der Starke und der Riesenstollen

Michael Schulze

Der wohl bekannteste sächsische Monarch, August der Starke (1670–1733), gilt als eine der schillerndsten Gestalten höfischer Prachtentfaltung des deutschen Absolutismus. Durch seine Sammelleidenschaft und die von ihm veranlasste rege Bautätigkeit begründete er den Ruf Dresdens als prunkvolle barocke Kulturmetropole. Zahlreiche Legenden ranken sich um den Potentaten. So wurden ihm legendäre Kräfte zugesprochen, woher sein Beiname „der Starke" rührt. Mit der bloßen Hand soll er Hufeisen zerbrochen und Eisenstangen verbogen haben. Außerdem dichtete man ihm aufgrund seiner florierenden Mätressenwirtschaft mehr als 350 Kinder an.

Es ist nicht verwunderlich, dass August der Starke auch in kulinarischer Hinsicht Glanzpunkte setzen wollte. Und was bot sich da besser an als eine typisch sächsische Spezialität. Im Jahre 1730 setzte er mit einem Riesenstollen ungeahnten Ausmaßes einen absoluten Höhepunkt in der Geschichte der Backkunst. Drei Jahre vor seinem Tod hielt der Sachsenfürst in der Nähe des Dorfes Zeithain bei Riesa ein vierwöchiges Manöver ab. Mit der Absicht, andere Herrscher zu beeindrucken – so weilten unter den Gästen auch der Preußenkönig Friedrich Wilhelm I. und dessen Sohn, der spätere Friedrich der Große –, ließ August der Starke mehr als 30.000 Soldaten für Schaukämpfe und Paraden aufmarschieren. Den Abschluss des Manövers sollte ein üppiges Barockfest mit ausschweifendem Gelage bilden, um die sächsische Lebensart widerzuspiegeln. Absoluter Höhepunkt der Prasserei war, ungeachtet der Sommerzeit, ein Superstollen. Um jene im wahrsten Sinne des Wortes riesige Sensation zu ermöglichen, mauerte man eigens für diesen Zweck einen überdimensionalen Backofen. Unter der Anleitung des Dresdner Bäckermeisters Johann Andreas Zacharias waren rund sechzig Bäckerknechte mit der Vorbereitung der Zutaten sowie dem Teigkneten beschäftigt. Weitere vierzig Helfer waren vonnö-

ten, um das etwa 1,8 Tonnen schwere Festbrot aus rund zwanzig Zentnern Mehl, annähernd 3600 Eiern und mehr als 320 Kannen Milch herzustellen. Acht Pferde zogen das köstliche Ungetüm zur Zeithainer Feldtafel. Zum feierlichen Anschnitt wurde extra ein 160 Zentimeter langes Stollenmesser geschmiedet. Von diesem kulinarischen Manöver waren die Gäste natürlich schwer beeindruckt.
Zu Ehren der 300. Wiederkehr der Thronbesteigung Augusts des Starken stellten 1994 Dresdner Bäckermeister und Gesellen einen ähnlichen Riesenstollen mit 2000 Kilogramm Gewicht, vier Metern Länge und 1,65 Metern Breite her. Das gewaltige Backwerk wurde in 20 Stunden nach den heutigen Bestimmungen des Schutzverbandes „Dresdner Stollen" geschaffen. Nach einem festlichen Umzug vom Zwinger zum Striezelmarkt zerteilte man mit einer Nachahmung des Original-Stollenmessers den Riesenstollen in 4000 zum Verkauf angebotene Stücke. Seitdem wird jährlich in der Adventszeit in Dresden ein Stollen von mittlerweile rund drei Tonnen Gewicht zugeschnitten.
Ob der Riesenstollen von August dem Starken wirklich ein Backwerk war, wie es beim heutigen Stollenfest präsentiert wird, darf bezweifelt werden. Auf dem zeitgenössischen

Kupferstich „Lob und Ruhm des löblichen Bäckerhandwerks“ von Elias Baeck ist nicht nur der gewaltige Ofen und das Supergebäck auf einem Pferdefuhrwerk abgebildet, sondern auch eine Zutatenliste angegeben. Demzufolge wurden Hefe, Milch, Eier und Muskatnuss verarbeitet, woraus man keinen Stollen, sondern eher eine Art Weißbrot backen konnte. Ungeachtet der Größe muss das „Riesenweißbrot“ aber eine teure Angelegenheit für August den Starken gewesen sein, wurde doch das damals neue weiße Mehl beim Backen verwendet, das extra aus Frankreich importiert werden musste. Auch die sommerliche Jahreszeit, in der der Riesenstollen gebacken und verzehrt wurde, spricht eher für Weißbrot. Obwohl August dem Starken auch zuzutrauen war, sich einfach über die traditionelle Backzeit der Stollen hinwegzusetzen.

1507
LUKE 2:11
The Birth of Jesus

Der Stollen in Dichtung und Literatur

Michael Schulze

Das Fest des Stollenbackens und das Weihnachtsbackwerk selbst finden bei prominenten und weniger bekannten Dichtern und Schriftstellern Widerhall. Vor allem in Briefen an Familie und Freundeskreis steht der Stollen im Mittelpunkt. Auch im Werk der einzelnen Künstler kommt das Gebäck in Lebenserinnerungen oder im Zusammenhang mit dem Brauchtum der Advents- und Weihnachtszeit vor.

An erster Stelle steht die schon zitierte Lenelies, eigentlich Helene Louise Pause. Nicht weil die Sächsin mit literarischen Finessen glänzte, sondern weil sie dem Stollen ein ganzes, wenn auch kleines Büchlein gewidmet hat.

In ihrem Werk mit dem bezeichnenden Titel „Vom königlichen Kindlein. Geschichten um den Christstollen“ aus den dreißiger Jahren des 20. Jahrhunderts berichtete sie dem Duktus der damaligen Zeit entsprechend, aber mit viel Fantasie und ungewolltem Humor, von der Geschichte des Stollens. Über den Stollen als sächsisches Original schrieb sie bekennenderweise: „Allein in Sachsen fühlt sich der Stollen wohl, will nirgendwo als in Sachsen geboren werden und ergibt sich nur mit den Fäusten des sächsischen Bäckerjungen. Er bedarf ferner der sächsischen Luft, die nicht rau einherpfeift, aber nicht schwül über den Türmen lagert. Sie kommt frisch und düftereich vom nahen Gebirge, durchpulvert von ein wenig Sandsteinstaub, den ihr die Löcher und Schrunden des Elbsandsteingebirges mitgaben. Solche Luft, backstubengerecht erwärmt, muss in den blasigen Hefeteig hereingewallt werden, der auch einmal einen Schwapp Wasser annimmt, das aber sächsisches Wasser sein muss von den glasklaren Nebenflüssen der gemächlich dahinziehenden Elbe, die wortreich über glitzernde Kiesel schwatzen und sich im feinen Heideland klären.“
Friedrich Schiller hätte über solche literarischen Kostbarkeiten bestimmt geschmunzelt. Doch auch er war dem Stollen offensichtlich

sehr zugetan. Dies belegt sein Briefwechsel mit dem befreundeten Christian Gottfried Körner, dem Herausgeber der ersten Gesamtausgabe der Werke Schillers. Im Dezember 1786 erbat sich der Dichterfürst von seinem nach Leipzig gereisten Freund einen Christstollen: „A propos einen Stollen solltet ihr uns billig schikken." Warum Schiller, der zu dieser Zeit in Dresden weilte, nicht den berühmten Stollen der kurfürstlichen Residenzstadt bevorzugte, sondern einen Leipziger, ist unbekannt. Körner reagierte jedenfalls schnell und gab seiner Sendung den frischgedruckten Sammelband „Schauspiele mit Chören" der Brüder zu Stolberg-Stolberg bei. In Körners Begleitbrief heißt es: „Ich lege eine Geistes Stolle bey, von der ich wünsche, dass sie euch eben so schmackhaft seyn möge." Schillers Antwort dauerte nur drei Tage. „Der Stollen sammt seinem magern Collegen ist richtig angelangt, und wir danken schön."

Weniger Glück mit dem Stollen hatte Gotthold Ephraim Lessing während seiner Leipziger Studienzeit. In den Adventstagen des Jahres 1747 schickte ihm seine Mutter aus Kamenz per Boten einen Stollen, damit der fleißige Student etwas für die weihnachtliche Festtafel hatte. Was Lessings Mutter aber nicht wusste, war, dass ihr Sohn nur wenig Zeit dem Theologiestudium widmete und sich stattdessen in einer recht lustigen Gesellschaft, bei den Schauspielern der Theatergruppe um Caroline Neuber, befand. Bei einer munteren Weihnachtsfeier teilte der junge Lessing seinen Stollen mit den Komödianten. Als sich dieser Vorgang bis nach Kamenz herumgesprochen hatte, geriet der strenge Vater in Zorn. Er rief seinen Sohn im tiefsten Winter nach Hause, damit sich dieser verantworte, dass er die „von der Mutter geschickten Strützel mit den gottlosen Komödianten der ‚lüderlichen Neuberschen Theaterbande' verzehrt habe". Nur gut, dass Lessing die Bekanntschaft mit „Madame Neuber" machte, ermutigte sie ihn doch zum Schreiben. Die „Neuberschen Schauspieler" führten 1748 sein erstes Stück „Der junge Gelehrte" mit großem Erfolg auf, was Lessing letztlich dazu veranlasste, sein Studium aufzugeben und Dichter zu werden.

Ein weniger gespanntes Verhältnis zu seinen Eltern hatte der in Dresden geborene Schriftsteller und Journalist Erich Kästner. In seiner Leipziger Zeit, Mitte der 1920er Jahre, stand er in regem Briefwechsel mit seiner Mutter in Dresden. Der Autor von „Emil und die Detektive" muss die Leipziger Küche geschätzt haben. „Wenn du wüsstest, was ich zusammenfresse! Manchmal esse ich sogar noch abends

etwas warm! Eigentlich ist das unanständig, wie? Aber es bekommt mir gut. Wirklich ausgezeichnet“, schrieb er 1924 in die Heimatstadt. Wenig schien Kästner aber der Leipziger Stolle abgewinnen zu können. Er bevorzugte den von seiner Mutter gebackenen Dresdner Stollen. Ende November 1926 teilte er ihr seine Weihnachtswünsche wie folgt mit. „Einen Stollen nähme ich gern mit nach hier. Nicht mehr. Aber den einen würde ich auch mit großer Freude auffuttern. Mit Rosinchen. Mit viel Rosinchen sogar.“

Auch die Schriftstellerin Louise Otto-Peters bezog sich in ihrem Buch „Frauenleben im Deutschen Reich“ aus den siebziger Jahren des 19. Jahrhunderts auf den Stollen. In dem Werk gab die Mitbegründerin der deutschen Frauenbewegung Einblicke in die Realität des bürgerlichen Frauenlebens im 19. Jahrhundert und schilderte die Alltagskultur von den Haushaltstätigkeiten über Kleidermoden bis hin zu Reisen. Verständlich, dass das Backen einen hohen Stellenwert einnahm: „Aber in manchen Gegenden – und ich glaube, Sachsen hat sich darin immer ausgezeichnet – ward in den Familien zu allen möglichen Gelegenheiten Kuchen gebacken, so zu den hohen Festen: Ostern und Pfingsten, zum Reformationsfest, zur Kirchweih, zu Fastnacht Plinsen und Pfannkuchen, zu Weihnacht Striezel oder Stollen“, fasste sie das Backen im Jahreslauf zusammen, um dann zur Stollenherstellung überzugehen: „Bis in die neueste Zeit hinein hat sich noch in manchen Familien das Stollenbacken erhalten – aber nur in der Weise, dass die Ingredienzen dazu im Hause vorbereitet und dann, etwa unter der Aufsicht eines Familienmitgliedes, zum Bäcker geschickt werden – wie würden über diesen letzten Rest patriarchalischer Gewohnheit, der eigentlich mehr auch eine Ironie auf die der Vergangenheit, denn ein Nest von ihr ist, unsere Großmütter die Nase rümpfen! Dem Weihnachtsfest hätte sonst die fröhliche Vorweihe gefehlt, wenn nicht eines schönen Abends einige Tage vorher die ganze Familie, wenigstens alle Frauen und Kinder, von zwei stattlichen Talglichtern beleuchtet, um einen großen Tisch gesessen, Rosinen gelesen, Mandeln abgezogen und gewiegt, Zucker und Zimt gestoßen hätte. Und dann ward im Hause alles abendlich zusammengewirkt, wie der Brotteig und ein ‚Hefenstückchen‘ gemacht, zur Probe, ob die Hefe gut sei und dem Werk Gelingen verheiße.“

Es fing an mit der Stollenbäckerei

Eva Alvers;
aufgezeichnet von Günter Groß

Es fing an mit der Stollenbäckerei, im November vereinbarte man beim Bäcker den Backtermin, der dann zwischen dem Totensonntag und der vierten Adventswoche lag. Oft war es an einem Wochenende, denn da war die Backstube frei.

Am Abend vor dem Backtag wurden Rosinen verlesen, gewaschen durften sie nicht werden, nur mit einem sauberen Tuch abgerieben. Es wurden süße und bittere Mandeln gebrüht, abgezogen und mit dem Wiegemesser zerkleinert, Citronat sowie Orangeat geschnitten, Zucker und Butter abgewogen. Das Mehl gab der Bäcker wegen der gleichmäßigen Temperatur in der Backstube. Am Backtag früh wur-

de dann noch die Milch warm gemacht. Alles trug man in einem Wäschekorb zum Bäcker. Meine Mutter band sich eine große, weiße Schürze um, sie hatte große Falbeln an den Armlöchern. Viele Frauen waren beim Bäcker schon versammelt und erzählten sich alles Mögliche und Unmögliche, jedenfalls war es ein richtiges Geschnattre. Der Bäcker nahm sich alle Zutaten, und wenn er sich beim Kneten des Teiges mal umdrehte, wurde heimlich noch ein Stück Butter in den Teig geworfen, damit der Stollen recht schön schwer werde. Dann fragte der Bäckermeister, ob man den Stollen gerissen oder übergeschlagen haben wollte. Beim gerissenen Stollen war die Butter- und Zuckerschicht obendrauf dicker. Zuletzt wurde ein Stück weggenommen für einen runden Kuchen, ich glaube, geriebene, gekochte Kartoffeln gehörten noch rein. Die ganze Herrlichkeit bekam Holzschildchen, auch Stollenzeichen genannt, eingesteckt, denn jede Frau wollte natürlich ihren, den besten Stollen, haben.
Abends wurde der fertige Stollen geholt und kam in den Keller in eine Holzwaschwanne.
Der Anschnitt erfolgte traditionsgemäß erst am 1. Feiertag, nur der runde Kuchen wurde sofort noch am Abend probiert. Stollenkosten war auch üblich bei Bekannten und Ver-

wandten. Je mehr Stollenkosten, desto besser geht es uns im nächsten Jahr, aber man soll es nicht so übertreiben wie es das erzgebirgische Heilig-Abend-Lied sagt, das wir übrigens auch schon in unserer Kinderzeit sangen: „Mer ham a sachzn Butterstulln, so lang wie de Ufnbank, un wenn mer die zsamm gassn ham, do sei mer alle krank."
Beim Transport vom Bäcker nach Hause durfte kein Stollen zerbrechen, ein Aberglaube besagt, dass dies sonst Unglück bringt.

Historischer Dresdner Bäckeraufzug 1889,
Träger mit Stollenbrett von Walter Werner

Christstollen

Wolfram Böhme

Stollen, köstliches Gebäck,
hatte einst den guten Zweck,
Christen auch in Fastenzeiten
etwas Freude zu bereiten,
doch dann ward für alle Esser
Weihnachtsstollen immer besser,
immer feiner, immer weicher,
immer fett- und butterreicher,
dass vom Fasten im Advent
man am Ende nichts mehr kennt
und auch erst zum Weihnachtsfest
sich den Stollen schmecken lässt.
Reich an Mandeln und Rosinen
und vom Weihnachtslicht beschienen
zählt das Labsal für den Magen

zum Genuss an Feiertagen,
wird von unsrem Sachsenland
fern in alle Welt gesandt.
Auf dem Striezelmarkt, dem alten,
kann man das Gebäck erhalten,
und ganz lang und aufgequollen,
gibt es dort den Riesenstollen!
Noch nach Rio und Hongkong
schickt man Stollen im Karton.
Gäste finden Stollen toll,
kaufen ganze Beutel voll.

Erzgebirger, die's verstehen,
wollen selber backen gehen,
und beim Bäcker können Frauen
Stollen selbst zusammenbauen,
nach Rezepten, die sie lieben,
Stollen in den Ofen schieben.
Werden sie nach Vätersitten
erst am Christtag angeschnitten,
ist, so haben wir's vernommen,
dann ihr Christfest ganz vollkommen.

Stollen mundet uns enorm.
Doch was soll die seltne Form!
Wie gewickelt, wie gerollt,
Kissen, das ihr halten sollt,
Steckbett für ein Wickelkindel,
so ein süßes, kleines Bündel,

wie es einst das Christkind war,
all das stellt ein Stollen dar.
Jesus soll der Stollen sein,
Sohn Marias, zart und klein.
Doch das Kind, das wir lobpreisen,
wollen wir es denn verspeisen?
Stimmt's, dass man den Heiligen Christ
nun als Weihnachtsstollen isst?

Ja, der Brauch, er will es so,
und wir alle werden froh,
denn den lieben kleinen Herrn
haben wir zum Fressen gern,
sehn sein zuckerweißes Bett
nun auf unsrem Stollenbrett,
schneiden dieses Bündel an,
dass das Fest beginnen kann.

Wenn wir es vielleicht nicht wollen,
Jesus passt zum Weihnachtsstollen,
naht im Brot und will im Wein
immer gegenwärtig sein,
lässt den Esstisch niemals leer,
denn von ihm kommt alles her.

1954. Stollen - sehr gut. Bomp. Baumeister

Stollen I. Sorte.

		Kg.	D.M.	
2000 gr.	Mehl	à Kg.	0,68	1,36
350 "	Zucker	" "	1,25	-,44
150 "	Hefe	" "	1.-	-,15
1/2 Ltr.	Milch	" Ltr.	0,36	-,18
750 gr.	Butter	" Kg.	6,10	4,57
4	Eier	à Stk.	0,12	-,88
1750 gr.	Rosinen	" Kg.	1,65	2,88
300 "	geh. Mandeln	" "	6,-	1,80
250 "	Zitronat	" "	4,20	1,05
25 "	Salz	" "	0,21	0,01
15 "	Gewürz	" "	12,-	-,18
1/8 Ltr.	Rum	" Ltr.	10,50	1,34
250 gr.	Butter zum Streichen	" "	6,10	1,52
500 "	Zucker	" "	1,25	1,25
150 "	Puderzucker	" "	1,40	-,21
300 "	Persipan	" "	2,90	-,87
250 "	Zucker	" "	1,25	-,32
				19,-

Selbstkosten à 500 gr. D.M. 2,63	15,20
+ 80% allgem. Unkosten.	34,20

Das Rezept

Lenelies Pause

Es mag viele geheimnisvolle Rezepte auf Erden geben, doch liegen sie alle offener zutage als das Geheimrezept für den echten Christstollen, dessen Siegelbewahrerin die Altdresdner Hausfrau war. Wenn an dieser Stelle eines zu treuen Händen verraten sei, so ist es ein bewährtes Rezept – allein das Geheimrezept ist's nicht. Von ihm wird viel gemunkelt. Es wird erzählt, es hielte sich mit Milch gar nicht auf, es kenne nur die fette schiere Sahne, zwei Kannen voll, direkt vom Lande bezogen. Es geht die Rede von einer Metze (8 Pfund) gestäubten Weizenmehls. Diese Metze verschlingt begierig 4 Pfund der besten Tafelbutter, reißt 6 Pfund entkernte Sultaninen mit sich, sättigt sich mit 2 Pfund gestoßenen und

einer Hand voll bitteren Mandeln. Begehrt einen großen Splitterhaufen glasigen Zitronats, gehobelte Orangenschale, nimmt auch einen Hauch Muskatblüte an (...) leise wie mit kraftloser Hand über einem Stück Zucker gerieben (...) verlangt nach einem gutem Schuss Arrak und nimmt den Zucker beileibe nicht in der neumodisch kristallisierten Pulverart, sondern will ihn nach guter alter Hausfrauenart vom gewichtigen, in blaues Papier geschlagenen Hut, und auch das nur gemörsert, gesiebt und auf die Zitrone abgerieben. Diese Metze Weizenmehl verschwindet geradezu, ertrinkt und erstickt unter der Üppigkeit der anderen Zutaten. Sie schluckt noch zwei Kannen süßen Rahm, direkt vom Lande bezogen.
Was enthielt das Tütchen im Pompadour, dessen Inhalt die Hausfrau im letzten Augenblick über die Backmulde siebte? Was enthielt die kleine Kristallphiole, aus der sie im letzten Augenblick ein Tröpfchen in die fertige Masse taute? Wir wissen es nicht. Wir werden auch nie erfahren, was für eine kleine Nuss es war, die sie über das Reibeisen gleiten ließ, als der Stollen fertig gepudert auf dem Brett ruhte. Ein solcher Stollen ist kein Kuchen mehr zu nennen: Es ist ein schweres Marzipan, eine schiere Leckerei, die im sächsischen Bürgerhaus auf dem Tische neben bunt-goldenen Tassen

Meißner Porzellans um die Weihnachtszeit herum duftet.
Gemengt, geformt und gebacken ist der Christstollen noch ein unfertiges Kindlein. Mit zwei Pfund zerlassener heißer Butter wird er langsam und sanft betaut und getränkt. Zucker vanilleduftend sinkt wie Schneewolken auf ihn hernieder, bis er endlich heimgetragen wird, mit einer Fahne süßen Duftes hinter sich, die in den Tagen vor dem Fest die ganze Stadt durchzieht und aus allen Backstufen, aus allen Hausfluren herausatmet.

Der Weihnachtsstollen

Manfred Blechschmidt

Was wäre ein Weihnachten ohne Plätzchen, Pfefferkuchen und, speziell im Erzgebirge, ohne den duftenden Kartoffelkuchen!
Hauptbackwerk in der Weihnachtszeit ist unumstritten der Stollen. Zeitlich voran gehen die Zopfstollen, die Niklaszöpfe, wie sie in verschiedenen Orten des Erzgebirges bekannt sind. In Rittersgrün und Tellerhäuser kann man sie beim Bäcker kaufen, in Grünhain gibt es statt ihrer Pfefferkuchen.
Niklaszöpfe bleiben im Verhältnis zum Stollen bescheiden im Hintergrund, sie sind lediglich aus Mehl, Salz, Milch und Treibmittel hergestellt. Wenn es hochkommt, erhalten sie eine Zuckerglasur. Als Vorbote guter Tage, mehr

wollen sie nicht sein. Denn wird erst der Stollen gebacken, steht das Fest unmittelbar vor der Tür.
Geht man vom Begriff aus, so gibt es Stollen schon 1329. Ob er mit dem heute gebackenen vergleichbar ist, mag dahingestellt bleiben. Um 1491 war Stollen sogar eine Zeit lang zinspflichtig. Der Papst verlangte, dass beim jährlichen Stollenbacken der 20. Teil von einem Golddukaten für den Bau des Freiberger Domes zu entrichten ist.
Vom eigentlichen Weihnachtsstollen erfahren wir aus dem Jahre 1506, und vom Christstollen im 18. Jahrhundert. Aus Urkunden des 16. Jahrhunderts wissen wir, dass die Leute Mehl zum Bäcker brachten, um daraus „allerlei Flecken um Lohn“ backen zu lassen, vor allem „allerhand Kuchen in Butter und Schmalz“. Und durch den Pfarrer Thomas Winzer ist bekannt, dass es bereits im Jahre 1571 in Wolkenstein im Erzgebirge üblich war, zu Festzeiten Stollen zu bereiten und aufzutragen.
Heute kaufen die Erzgebirger ab Oktober ihren Weihnachtsstollen beim Bäcker oder in der Kaufhalle. Großbäckereien haben sich ihrer angenommen und Rezepturen zur Hand, die den früher gebackenen Stollen nicht nachstehen. Nach Qualität und Preis weiß man wohl zu unterscheiden zwischen „Kaffeestollen“, „Erzge-

birgischen Weihnachtsstollen", „Butterstollen", „Rosinen-, Mandel- oder Marzipanstollen". Gelegentlich taucht auch ein Einpendler auf, der „Dresdener Christstollen".

Traditionsbewusste Erzgebirger schneiden ihren Stollen erst am Weihnachtsmorgen an, unmittelbar nach der Rückkehr von der Weihnachtsmetten. Allzu viele mag es davon freilich nicht mehr geben, denn die meisten Stollen werden Wochen vorher gekauft. Und es müsste schon recht seltsam zugehen, hielte er sich die lange Zeit. Mancher Stollen geht auf Wanderschaft, oft bis nach Übersee. Seit Jahr und Tag ist es üblich, als Weihnachtsgruß einen Stollen zu versenden.

Es war noch vor Jahren so: Stollenbacken zählte zu den wichtigsten Vorbereitungen auf das Weihnachtsfest. Noch vor zwanzig, dreißig Jahren wollte keine Familie auf selbstgebackenen Stollen verzichten. Stollen mussten gebacken werden, und hätte man sich die Zutaten dazu geborgt! Nur selten gab es bei armen Leuten als Ersatz die in der Ofenröhre bereiteten Hefeklöße.

Stollen bäckt man nicht daheim. Nicht einmal den Teig bereitet man dafür zu. Alle Zutaten bekommt der Bäcker, der knetet den Teig und schiebt ihn in den Ofen. Da und dort, besonders in den Dörfern, ist das heute noch anzu-

treffen. Jedoch wird der Brauch seltener. Und es bleibt abzuwarten, wann er ganz erlöscht.
In den Familien gelten überlieferte Rezepte. Nur danach wird ein „richtiger" Weihnachtsstollen! Und es ist ein großer Vertrauensbeweis, wenn sie von der Hausmutter an die Schwiegertochter weitergegeben werden.
An Zutaten gibt es genügend: Mehl, Butterschmalz, Zucker, Salz, Milch, Treibmittel, Zitronat, gehackte Mandeln und Rosinen. Nicht nur darauf kommt es an, was man für seine Stollen verwendet, auch auf das Verhältnis des einen zum anderen. Da gibt es Familien, die wollen dies nicht und das nicht. Alles in der Welt, nur keine Rosinen, kein Zitronat. Dafür viel abgeriebene Zitronenschale oder einen Becher voll Rum in den Teig. Ehemals waren sie sich alle einig: Fett allein tut's auch nicht! „Of fünf Pfund e Pfund!", hieß eine alte Regel, und das hieß, für 2 ½ Kilogramm Mehl bedarf es ½ Kilogramm Butterschmalz. Mit einem solchen Stollen kann man heute niemand mehr begeistern! Allerdings verursachte er auch keine Gallenbeschwerden.
Die Bäcker mögen die Leute nicht, die zu fett backen. Mit denen gibt's am Ende oft Ärger! Bringen sie deren Stollen mit den „normalen" in den Ofen, werden die einen fast schwarz vor Hitze, die anderen aber, die „Fettwänste", blei-

ben flach wie ein Brett, bleiben „sitzen". Und der Knatsch ist fertig! Denn wer will fast verbrannten oder schliff gebackenen Stollen haben?
Begann einst im Dorf das Flegeldreschen, roch es nach dem ersten Schnee, meldeten die Frauen beim Bäcker das Stollenausbacken an. Täglich durften zehn, zwölf, fünfzehn backen, mehr gab der Ofen nicht her. Denn Brot und Semmeln mussten auch sein!
Daheim wurden alle Zutaten vorbereitet. Mit Töpfen, Krügen und Schüsseln, auf einen Schlitten oder Wagen geladen, vielleicht auch nur in einen Tragkorb gepackt, suchten sie den Bäcker auf.
Man kann sich heute kaum den Trubel vorstellen, den es in einer solchen Backstube gab. Was mussten die Bäcker alles im Kopf haben, um am Ende zu wissen, welche Zutaten dieser, und welche jener Part waren, wem die blaue Schüssel oder der weiße Topf gehörte.
Es gab für jede Part eine Backmulde! Und waren die Zutaten allesamt durcheinandergemischt, der Teig geknetet, einzelne Stollen gewogen und geformt, bekamen sie ihr Stollenzeichen. Jede Familie hatte ihr eigenes, aus Span- oder Rundholz geschnitzt, bemalt, gebrannt, vielleicht auch vom Klempner gemacht aus weißem Blech mit eingeprägtem Monogramm. Oberflächlich hergestellte fanden sich

darunter, aber auch kleine Kunstwerke. Und der Bäcker sagte: „Das Familienwappen der kleinen Leute ist das Stollenzeichen!"

Ein paar Stunden war dann Ruhe im Bäckerhaus. Der Backvorgang nahm seinen Verlauf. Nach jedem „Schoß" mehrten sich in den Regalen, auf Brettern, Treppenstufen, im Hausflur, die fertiggebackenen Stollen. Die mit gleichem Zeichen rückten eng aneinander.

Manche Familien hatten zehn, zwölf und mehr „Dreipfünder", dazu noch ein, zwei Kartoffelkuchen und ein paar „Bornkinneln", das waren kleine Stollen, für die Kinder gedacht.

In den frühen Abendstunden kamen die Familien geschlossen herzu, Mutter, Vater, im Gefolge Kinder und Schwiegersöhne. Vielleicht war die Mutter vorausgelaufen, in froher Erwartung und Neugierde auf ihre Stollen. Auf Holzbrettern trug man das duftende Kleingebäck vor dem Körper nach Hause. Nur die es weit hatten, oben am Hang wohnten, brachten Schlitten oder Wagen mit.

Indessen sich die Familie am Kartoffelkuchen labte, macht die Mutter die Stollen „familiengerecht", bestrich sie mit Butter, streute Zucker darüber oder Puderzucker, viel oder wenig, ganz so, wie es Familientradition war.

Stollen bewahrte man in besonderen Truhen auf, mit einschiebbaren Leisten versehen, den

„Stollenkisten". Diese brachte man, wie anderswo einen Kammerwagen, mit in die Ehe. Häufig wurden die Stollen lediglich mit einem Leinentuch bedeckt und unter das Bett geschoben.
Um alles in der Welt nur keinen Stollen zerbrechen! Seit eh und je wollte man wissen: Wer einen Stollen zerbricht, dem folgt das Unglück auf dem Fuß.
Im Gebirge wird durchweg die erzgebirgische Form gebacken, beiderseits flach abfallend und über die Oberfläche hinweg gefurcht. Die Dresdener Form, die mehr pfostenartig ist, kennt man nicht. In ihr wollte man übrigens das in Windeln gewickelte Kind sehen. Deshalb wurde der Stollen auch „königliches Kindlein" geheißen, in ein Tuch geschlagen mit der Falte auf der Oberseite. Die Bewohner des westlichen Gebirges sahen im Weihnachtsstollen die Nachbildung eines Schweinebauchs. Bei den ärmeren Leuten, die sich kein Schwein halten und schlachten konnten, habe er als Ersatz dafür gedient.
Noch um die Jahrhundertwende buk man Stollen auch zu anderen Anlässen, zu Ostern, Pfingsten, zur Hochzeit oder Kindtaufe. Und jene Familien, die Weihnachten genügend gebacken hatten, reichten damit ohnehin bis Ostern. Deshalb hieß es auch:

„Sauerkraut, Stolln un Braazelstange,
müssen bis ze Ustern lange!“

Buk eine Familie Stollen und Kuchen, wusste es das ganze Dorf. Besonders junge Leute hatten ihr Augenmerk darauf. Denn das war die Gelegenheit zum Kuchensingen. Kinder, Erwachsene zogen von Haus zu Haus, nicht selten mit Violine oder Ziehkasten ausgerüstet, um zu singen und zu musizieren, so lange, bis die Hausmutter einen Teller Kuchen spendierte. Die Bauern buken drei Sorten: Der beste war für den Eigenverzehr bestimmt, der „Mitteldicke“ für den Besuch und der „Schwarze“ für das Gesinde und die Kuchensinger. War die kleine Schar abgespeist, zog sie weiter, und bald hieß es wieder:

„De Kuchn sei gebacken,
mer härn ne Ufen knacken,
gabbt uns e Stückel weißen,
dan wolln mer schu zerbeißen,
gabbt uns e Stückel dicken,
mer wolln uns schu dreischicken:
Un is dr Kuchn eich net geroten,
gabbt uns e Stückel Schweinebroten ...“

Bildnachweis

S. 6: © stock.adobe.com/chrishoppe.de; S. 16: © picture-alliance/ZB | Wolfgang Thieme; S. 18: © stock.adobe.com/Serenkonata; S. 19: © stock.adobe.com/geshas; S. 20: © stock.adobe.com/lukaszimilena; S. 23: © stock.adobe.com/Brebca; S. 26: © stock.adobe.com/Eric; S. 31: © stock.adobe.com/Countrypixel; S. 37: © stock.adobe.com/B.G. Photography; S. 42: © stock.adobe.com/Dreadlock; S. 45: © stock.adobe.com/Anna; S. 48: © stock.adobe.com/IngridHS; S. 53: © stock.adobe.com/kay fochtmann_EyeEm; S. 56, 60: © stock.adobe.com/Natasha Breen; S. 59: Fa. Walter Werner Kunsthandwerk e.K., Inhaber Siegfried Werner, s.werner.seiffen@t-online.de, www.werner-seiffen.de; S. 64: © stock.adobe.com/Torsten Lorenz; S. 68: © stock.adobe.com/victoria p.; S. 73: © stock.adobe.com/Kathleen Rekowski.

Textnachweis

Dieter Zimmer, Eine gebrauchte Kindheit, aus: Ders., Deutsches Allerlei © 2022 by Dieter Zimmer, vertreten durch AVA international GmbH, München (www.ava-international.de). Die Originalausgabe ist 2003 im Hohenheim Verlag GmbH, Stuttgart/Leipzig, erschienen.

Kurt Arnold Findeisen, Schimmer aus dem Paradies, aus: Ders., Das goldene Weihnachtsbuch © Verlag der Nation 2002.

Wolfgang Mischnick, Dresdner Stollen bis Ende Januar © Alle Rechte beim Autor.

Klaus Weyers, Dresdner Christstolle © Alle Rechte beim Autor.

Michael Schulze, August der Starke und der Riesenstollen und Der Stollen in Dichtung und Literatur, aus: Ders., Stollen-Geschichte und Gegenwart eines Weihnachtsgebäckes © Lehmstedt Verlag, Leipzig.

Eva Alvers, Es fing an mit der Stollenbäckerei, aus: Günter Groß, Weihnachten im Osterzgebirge. Lohgerber-, Stadt- und Kreismuseum Dippoldiswalde, 1994; Archiv LOHGERBER Museum & Galerie Dippoldiswalde.

Wolfram Böhme, Christstollen, aus: Ders.; Steiger, Engel, Räuchermann-Verse zur Weihnachtszeit © 1999 Thomas Verlag, Leipzig.

Manfred Blechschmidt, Der Weihnachtsstollen und Stollnbacken, aus: Ders., Engel und Bergmann: Weihnachten im Erzgebirge © 1995 Husum Druck- und Verlagsges. mbH & Co. KG, Husum.